野の花と
小さな動物の
刺繡

森本繭香

日本文芸社

小鳥やうさぎ、ハムスター、
北海道に住むわたしには馴染みの深いリスやキツネ、
ペットの代表格といえば猫や犬。
小さな動物たちを刺繍で毛並みに沿って描いていくのは、
緻密に見えて、案外単純で楽しい作業。

基本は2本取りのステッチで大まかに刺し埋めてから、
1本取りのステッチで整えます。体が刺しあがったら、
目や鼻、口などの表情になる部分を、ステッチして仕上げます。
お好みで、小さな動物たちと相性のいい草花をあしらったら、完成です。

わたしの好きな動物たちの刺繍サンプルを
今回の本で作ってみました。
これをもとにお好みの彩りで、ペットや野鳥など
身近な動物たちを刺繍して、楽しんでもらえたら幸いです。

森本繭香

CONTENTS

野うさぎとエゾリスのリース	P.4 / 46	シマリスの巾着	P.22 / 72
青い鳥のがま口ポーチ	P.5 / 48	草花とミツバチのフープ	P.23 / 80
草花のサンプラー	P.6 / 50	猫のサンプラー	P.24 / 74
草花のカゴカバー	P.8 / 52	三毛猫のポーチ	P.26 / 76
草花のあずま袋	P.9 / 54	黒猫のティーコゼー	P.27 / 78
うさぎとリスのサンプラー	P.10 / 56	小さな動物のサンプラー	P.28 / 81
うさぎの巾着	P.12 / 58	森の仲間のミニバッグ	P.30 / 84
シマリスのキーホルダーとうさぎのブローチ	P.13 / 60	ハムスターとオコジョのブローチ	P.31 / 83
野うさぎのがま口	P.14 / 62	犬のサンプラー	P.32 / 86
猫のリース	P.15 / 61	コーギーのがま口	P.34 / 88
小鳥のサンプラー	P.16 / 64	フレンチブルと白犬のミラーケース	P.35 / 89
野鳥のサンプラー	P.18 / 66	LESSON ブローチの作り方	P.36
オカメインコのポーチ	P.20 / 68	ステッチの種類	P.43
シマエナガと文鳥のタオルハンカチ	P.21 / 70	作品の型紙	P.90

野うさぎと
エゾリスのリース
HOW TO MAKE / P.46

北海道の大地をかけまわる、うさぎやエゾリスたち。
繊細な絹糸で毛の質感や表情、
陰影を一本一本丁寧に仕上げました。
森の草花にはビーズをあしらって。
刺繡枠にはめたまま飾るのは、
海外の刺繡愛好者にはよく見られる光景。
気軽にアートを楽しめます。

青い鳥の
がま口ポーチ
HOW TO MAKE / P.48

絹の生地に絹糸で繊細に刺繍した、青い小鳥。
対になって楽しげなメロディを奏でてくれています。
ところどころにビーズ刺繍もあしらい、
上品なイメージに仕上げました。ポーチサイズで、
本体に丸カンなどを取り付け、
チェーンを繋げばポシェットにも。

草花のサンプラー
HOW TO MAKE / P.50

彩りも美しい、生き生きとした花をサンプラーに。つぶつぶの花をフレンチ・ノット、たくさんの花びらをレイジー・デイジー・ステッチになど、7種類のステッチをバランスよく使用した、刺繍する作業も楽しい作品です。

木の実や枯れ葉をモチーフに、シックな雰囲気に仕上げたサンプラー。
白をバランスよく取り入れることで数種類の色がうまくまとまります。葉っぱの葉脈を刺繍しない部分で作るのがポイントです。

草花の
カゴカバー
HOW TO MAKE / P.52

2種のサンプラーのなかから
いくつかを選んで、並べて刺繍したクロス。
両端にくるみボタンと布ループを付けるだけで
かごカバーに。杢グレーのリネン生地に
シックな色と鮮やかなピンクとブルーの
花刺繍が少しノスタルジックな色合わせに。

草花のあずま袋
HOW TO MAKE / P.54

木の実と木の葉をあしらった
サンプラーをグリーンの同系色に
アレンジして刺繍し、あずま袋に。
小さめで、お弁当包みにも程よいサイズ感です。
あずま袋は4つの辺を三つ折りにして、
2カ所を縫い合わせるだけの簡単な仕立て。

うさぎとリスのサンプラー
HOW TO MAKE / P.56

うさぎも種類がさまざま。アナウサギ（左上）と耳の垂れたロップイヤー（右下）の人気の2種と、耳の毛並みがかわいいエゾリス（右上）に、ほっぺがぷっくり膨らんだシマリス（左下）のサンプラー。額に入れて飾るだけでかわいい。

茶色やベージュの毛色のウサギやリスたちは、一見地味なようでも、濃いブルーなど鮮やかな生地に映えます。
生地に対してあしらう花の彩りは、青ならピンクなど対照的な色を入れるとバランスよくまとまります。

うさぎの巾着
HOW TO MAKE / P.58

サンプラーのうさぎをグレーにアレンジして、草原を飛び跳ねる様子をモチーフにした巾着。チェック柄やストライプの生地に刺繍するとカジュアルな雰囲気に。巾着の仕立て方も、慣れれば簡単なので、柄違いでいくつも作ってみませんか？

シマリスのキーホルダーと
うさぎのブローチ
HOW TO MAKE / P.60

サンプラーのリスとうさぎたちに
ビーズを花弁に見立てた
花をあしらっておしゃれをさせてみました。
ミニフープの木枠でつくるキーホルダーは
簡単なのでおすすめです。
ブローチの作り方はレッスンページに
詳しく掲載しています。

野うさぎのがま口
HOW TO MAKE / P.62

しっぽの先が白いうさぎのがま口は
絹糸を使って繊細に仕上げたもの。
高級感のあるベルベット風の
起毛したウール生地に
刺繍するのは少しテクニックが必要。
それでも、時間をかけて
じっくり刺繍すれば完成した時の
喜びもひとしおです。

猫のリース
HOW TO MAKE / P.61

猫のサンプラーは、草原で
寝転がって遊ぶ様子をモチーフに。
リース状に繋がった気ままな猫たちに
ほのぼの癒される作品。
黒猫、ロシアンブルー、八割れのソックス猫、
おなかが白いミルクティー色の猫、
お好みの猫たちでアレンジしてください。

小鳥のサンプラー
HOW TO MAKE / P.64

身近なペットの小鳥は、
桜文鳥（左）、オカメインコ（右）、
セキセイインコ（下）をモチーフに。
桜文鳥を白文鳥に、白オカメインコを
グレーのタイプにしたり、
セキセイインコの色を
黄色に変えたり
さまざまなアレンジを楽しんで。

どちらも草花をあしらった、
小鳥のサンプラー。
止まり木に佇むセキセイインコ（上）
羽ばたく瞬間のコザクラインコ（左）
ふっくらきもちよさそうに
ねむるキンカチョウ（右）は、
それぞれ、ハンカチの隅や、
小さな額装にしても。

野鳥のサンプラー
HOW TO MAKE / P.66

鳥たちの話し声が聞こえてきそうな雰囲気の草花と野鳥のサンプラーは、アオガラとヨーロッパコマドリがやってきた様子を刺繍したもの。美しい羽の彩りは刺繍しがいのあるモチーフ。毛並みに沿ってコツコツ仕上げる作業を楽しんで。

つぶらな瞳のすずめ（上）、長いくちばしと青とオレンジの羽が特徴的なカワセミ（左）、
ふっくらした胸に小さなくちばしと目がかわいいシマエナガ（右）。複雑な柄も地の色を刺し埋めてから、柄を足していくので意外と簡単です。

オカメインコのポーチ

HOW TO MAKE / P.68

シナモンカラーのオカメインコを
形そのままにポーチに仕上げて。
足元に小花をあしらったら、
オカメインコのてくてく歩く様子に
癒されるほのぼのとした作品に。
ファスナーテープを取り付ける
生地の色によってイメージが
かわるのでお好みで選んで。

シマエナガと 文鳥の タオルハンカチ

HOW TO MAKE / P.70

タオル生地をコットンの
ストライプの生地でくるむように
縫い付けるだけでタオルハンカチに。
スズランの花にちょこんと止まる
シマエナガ（左）と、オリーブの枝に
包まれる文鳥がそれぞれモチーフです。

シマリスの巾着
HOW TO MAKE / P.72

青い小花が舞い散る景色に、
一輪の花を握りしめるシマリス。
ひまわりの種を食べる様子は
ずっと眺めていてもあきないもの。
そんな様子を思い出しながら、
描いたモチーフです。
縞模様の毛の一本一本をシルエットに
合わせて刺繍するのは
楽しい作業です。

草花と
ミツバチのフープ
HOW TO MAKE / P.80

一面の小花や草のなかに、
ミツバチが羽ばたく様子を
描いたフープは、ところどころに
ラメ糸を使っているので、
色とりどりで
一層楽しげな雰囲気に。
ハチの丸い胴体とピンクと
グリーンの花は、フレンチ・ノットで
ころりとかわいく仕上げました。

猫のサンプラー
HOW TO MAKE / P.74

猫のサンプラーは上から時計回りに、キジ白、黒猫、オッドアイの長毛種、エキゾチックショートヘアーとバリエーション豊かに。
猫は雑種にしてもそれぞれの柄や表情が独特なので、面白いモチーフです。

きゅっと前足をそろえて座る白猫と伸びをする黒猫が、寝静まった夜に待ち合わせているような様子をモチーフに。
ピンクの花とグレーの葉っぱを、天の川のように二匹の間になだらかに配したサンプラーです。

三毛猫のポーチ
HOW TO MAKE / P.76

三毛猫も柄がさまざま。
お好みの1匹をモチーフに
柄をアレンジしてみませんか？
好みのアルファベットモチーフを
下にあしらえば、
エンブレムのような雰囲気で
まとまりがつきます。
ポーチは携帯用お裁縫道具入れや
小銭入れにも程よいサイズ。

黒猫の ティーコゼー

HOW TO MAKE / P.78

黒猫のティーコゼーは
リンゴをしっぽにのせた
(実際には無理ですが‥)
かわいいモチーフ。
表布とキルティング生地を
好みのポットサイズにカットして
縁をバイアスでくるむだけなので
簡単です。ゆったりくつろぐ
お茶の時間を手作りの品で。

小さな動物のサンプラー
HOW TO MAKE / P.81

子ブタやハリネズミ、野ねずみたちが、きのこの生える実りの秋の森でおのおのにくつろぐ様子をモチーフにしたサンプラー。
ハリネズミは、ベースのこげ茶色をざっくり刺繍してから、針の部分をちくちく刺して仕上げます。

ハムスター（上）やキタキツネ（右）、フェレット（左）と人気の動物をサンプラーに。地元北海道では、キツネにもよく出会います。
動物それぞれの体の色を決めたら、ざっくり刺し埋めて、同系色の刺繡糸で陰影を付けるのは地道でも楽しい作業です。

森の仲間のミニバッグ
HOW TO MAKE / P.84

サンプラーのなかのハリネズミと眠るねずみを
フランス語の la forêt（森という意味）の文字と一緒にあしらって。
お財布とハンカチを入れるのにちょうどいいサイズのミニバッグで、
ひもの長さを調節すれば斜めがけできるサコッシュにも。

ハムスターとオコジョのブローチ
HOW TO MAKE / P.83

小さな動物のサンプラーから、
グレーのねずみを茶のねずみに、
フェレットをオコジョにアレンジ。
刺繍してブローチに仕上げます。
詳しい仕上げ方はレッスンページに
掲載しています。オコジョは
イタチにもアレンジ可能です。

犬のサンプラー
HOW TO MAKE / P.86

コーギー（左）もさまざま。チャームポイントの眉毛も忘れずに。トイプードル（右）の毛並みはなんと、フレンチ・ノット。ブローチなどに仕立てれば、同じ犬種を飼っている友人などのプレゼントにもぴったりです。

個性豊かな犬4種をサンプラーに。ひげの点々もかわいい柴犬（左上）から時計回りに、
凛とした表情のマルチーズはシーズーなどにもアレンジ可能。白目が表情豊かなボストンテリアに、鼻先がくんくん言ってそうなダックスフンド。

コーギーの
がま口

HOW TO MAKE / P.88

サンプラーのコーギー犬を
スタンダードな茶色のバージョンに。
大きな花をあしらって華やかな
雰囲気に。花の色を、
がま口の飾り刺繍に使えば、
バランスよくまとまります。
お好みで14ページのように
タッセルを付けても素敵です。

フレンチブルと
白犬のミラーケース
HOW TO MAKE / P.85

刺繍部分をカットして
土台に貼り付けるだけの
犬のミラーケース。
サンプラーの白黒のボストンテリアを
フレンチブルにアレンジ。柴犬は白犬に。
ビーズやスパンコールを
あしらったり、刺繍する生地の色を
替えたりしてもイメージが
変わるのでお好みで。

LESSON
ブローチの作り方

動物の毛並みや表情などが精密なこの本の作品は
ベースの色を2本取りで刺繍し、細部を1本取りで仕上げています。

ここでは、サンプラーの図案を自分のペットにアレンジするのを例に
刺繍テクニックを詳しく解説します。
毎日見ているご自分のペットの色を手芸店で探すのも、楽しいものです。

《 基本の道具 》

刺繍針、刺繍糸、刺繍用の布 (Zweigart ニューキャッスル。
ここ以降のページの★の布はすべて同じ布です)、刺繍枠、はさみ、まち針、転写用の道具
(転写シートまたはタブレットやスマートフォンなどのバックライトで光る機器とフリクションペン)

《 ブローチの材料 》

接着剤、プラバン、フェルト、厚さ1mmの革シート、
ブローチピン、ボールペン、油性ペン、目打ち、ドライバー

《 作り方図の見方 》

・材料の中で記載している数字やアルファベットは、
　各商品の型番および色番号です。
・図の中の数字は、材料表にある刺繍糸の番号です。
・作り方図の単位はcmです。

オッドアイの
白猫のサンプラー図案（P.24）を
長毛種のキジ白の猫にアレンジ

図案は、元になる各サンプラーを書き写し、アレンジしたい動物の写真を見ながら、色鉛筆などで色付けしておくとイメージしやすい。また、色が決まったら、糸の色を選んでおく。

各ステッチの方法は P.43 〜を参照 ▶

耳 840
耳のなか 06
耳の模様 ①3031
耳のふち スプリット・S ①3865
①3865
濃い模様 ①3031
840
3782
3865

《 実物大図案 》
※糸は指定以外2本取り。○内の数字は糸の取り本数。黒の数字の部分は指定以外、オルタネイティング・ステム・S。細かな部分はストレート・S で刺し埋める。水色の数字の部分は指定以外ストレート・S で、黒の数字で刺繍した部分の上から刺繍する。

目の光 ①3865
サテン・S
①310
①3022
目のふち スプリット・S ①310
3782
鼻 ①3031
模様 ①3031

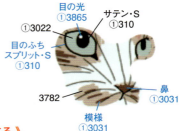

《 図案を写す 》

スマホやタブレットで写す場合

ライトボックスや、タブレットやスマートフォンの白い画面（メモ画面など）で布の下から光を当て、図案を写し取る。ペンはアイロンの熱で線が消えるフリクションペンがおすすめ。

転写紙で写す場合

図のように転写紙を図案と布の間に挟みトレースペンで写す。

《 糸を準備する 》

刺繍糸の束から糸端を引き出し、使いやすい長さ（40〜60cmほど）を取り出して糸をカットする。

糸端から1本ずつ引き出し、使いたい本数を引き揃える。

刺繍糸のうねりを取るために糸の両端を引き、親指で何度か糸をはじく。

《 本体を刺繍する 》 ●2本取りで全体を大まかに埋める

図案を写した布を刺繍枠にはめて、刺繍する。

刺し始めは玉結びを作らず糸が抜けないように返し縫いをし、裏側で糸をカットする。

下絵のラインに沿ってベースの色で刺繍して埋めていく。各図案の黒文字部分はベースカラー。ここでは頭の茶色 DMC25番刺繍糸3782を2本取りで刺繍する。

写したラインに沿って、オルタネイティング・ステム・ステッチ (p.43) で、左右交互に重ねるように刺繍する。

オルタネイティング・ステム・ステッチをいくつか刺繡したところ。

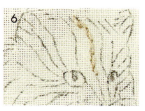

下絵のライン1本を上まで刺繡したところ。

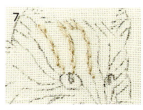

となりの線の上も刺繡する。

6と7の間のラインがない部分も、オルタネイティング・ステム・ステッチで刺繡し、図案の3782の部分を埋める。

《色の境目を刺繡する》

毛並みをイメージして、下絵のラインどうしの間を刺し埋める。

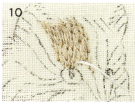

次に図案の頭の下半分、図案の黒文字のベースカラー、ここでは白のDMC25番刺繡糸3865を2本取りで刺繡する。

境目がきれいに埋まるよう注意しながら、写した線に沿って、オルタネイティング・ステム・ステッチで刺す。

黒のライン部分を刺繡したら、さらにその間を埋める。

《糸始末の方法》

● 1本取りで細部を仕上げる

糸を替えるときも、2と同様に返し縫いをする。

糸が抜けないように何度か返し縫いをし、余分な糸をカットする。

ある程度、図案のベースカラーが埋まってきたら、同じ色の1本取りのストレート・ステッチで細部を埋めるように仕上げる。

このときも毛並みに注意して、程よいストロークで刺繡する。

● 色を替えて模様を付ける

● 色を替える

17 図案の青文字部分は1本取りで刺繍する。濃い模様はDMC25番刺繍糸3031を使用し、図案を参考にストレート・ステッチで毛並みを意識しながら刺繍する。

18 いくつか刺繍したところ。

19 次に、中間色の模様部分を17と同様に1本取りで刺繍し、グラデーションを付ける。DMC25番刺繍糸840を使用する。

20 いくつか刺繍したところ。

● 境目を1本取りで仕上げる　　● 1本取りで細部を仕上げる　　《 鼻まわりを刺繍する 》

21 ベースカラーをすべて刺繍したら、色どうしの境目を1本取りのベースカラーを使ってストレート・ステッチで仕上げる。

22 ベースがきれいに刺繍で埋まるように、丁寧に毛並みに沿って刺繍する。

23 目の周囲などの細かな部分もこの時点で細かく刺繍しておくと、目を刺繍するときにすき間ができずスムーズ。

24 鼻の周りの模様部分も黒文字のベースカラーを2本取りで刺繍する。DMC25番刺繍糸3782を使用する。

《 耳を仕上げる 》

25 濃い模様の部分は1本取りのストレート・ステッチを施す。DMC25番刺繍糸3031を使用する。

26 鼻先から口もDMC25番刺繍糸3031を使用し、1本取りのストレート・ステッチで仕上げる。

27 耳部分のベースカラーはDMC25番刺繍糸840を使い、2本取りのストレート・ステッチで刺繍する。

28 ここでも大まかに刺繍したあとに間を埋めていく。

《 目を刺繍する 》

29 耳の上側を細かく刺し埋めたところ。次に耳の中のベースカラーDMC25番刺繍糸06の部分を2本取りで仕上げ、DMC25番刺繍糸青文字の3865で細かく毛並みに沿って仕上げる。

30 耳の端はスプリット・ステッチを施し、耳のラインを整える。

31 反対側の耳も同様にベースカラー、ポイントカラーの順に刺繍して仕上げる。

32 目は瞳の部分から刺繍する。ベースカラーのDMC25番刺繍糸310を使い、1本取りのサテン・ステッチで埋める。

33 瞳の部分を刺繍で埋めたところ。少し大きめに埋めておくと、のちにバランスを整えやすい。

● 瞳の周りを刺繍する

34 瞳の周囲は、ベースカラーDMC25番刺繍糸3022を1本取りのストレート・ステッチで、中心部分の丸みに沿うように刺繍する。

35 瞳の周囲を埋めたところ。次にアイライン用のDMC25番刺繍糸310を、目のきわに1本取りで刺す。

● アイラインを仕上げる

36 目の周囲のアイラインは、スプリット・ステッチで仕上げる。左端のとがった部分から順に刺繍する。

37 印象を左右する目頭の部分は、バランスに注意しながら刺繍する。

38 アイラインを刺繍したところ。目の光の部分はDMC25番刺繍糸3865を使い、1本取りのストレート・ステッチを施す。

● 目の中の光を仕上げる

39 目の光の部分も、特に印象を左右するので、バランスに注意する。

40 目の光の部分を刺繍したところ。もう片方の目も同様に仕上げる。

《ブローチの仕立て方》

● 土台を作る

 41
刺繍した布の上にプラバンを重ね、油性マジックで周囲をなぞる。

 42
プラバンをカットし、裏返してフェルトに接着剤で貼り付ける。プラバンに沿うようにフェルトもカットする。

 43
42でカットした部分より小さいだ円のフェルトをカットし、フェルト側に重ねて貼り付ける。

● 刺繍部分をカットして貼る

 44
布の刺繍した部分の裏に43がぴったり合うように重ねて貼る。周囲の布を7mmほどのりしろとして残してカットし、そこに接着剤を付ける。

 45
カーブをきれいに貼るため、まず周囲を大まかに貼り付ける。その間を親指で潰すように、全体ののりしろを貼り付ける。

 46
耳のきわ部分は縫い代の布を1mmほど残して切り込みを入れ、ほつれないよう切り口に少し接着剤が付くようにしながら貼り付ける。

 47
のりしろをすべて貼ったところ。

● 土台を貼り付ける

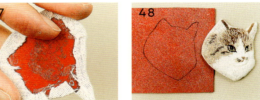 48
土台になる革に47を重ね、黒のボールペンで周囲をなぞってカットする。

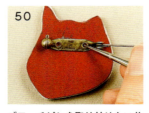 49
47と48でカットした革の両パーツの接着面に接着剤を付ける。数秒まち、表面が少し乾いてから貼り付ける。

● ブローチピンを付ける

 50
ブローチピンを取り付けたい位置に置き、ネジ穴の部分に目打ちで穴を開ける。

 51
ドライバーでねじを締める。

《完成》

52
完成。フェルトの厚みで、周囲には2mmほど生地の部分が出る。

[この本で使用している ステッチの種類]

● アウトラインステッチ

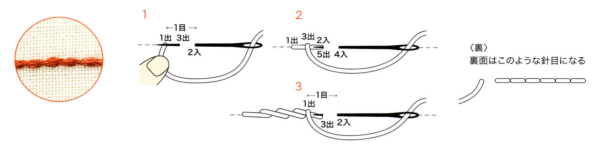

〈裏〉
裏面はこのような針目になる

● オルタネイティング・ステム・ステッチ

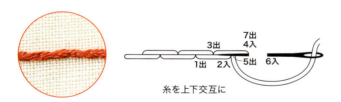

糸を上下交互に

● スプリット・ステッチ

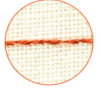

糸を割りながら刺す方法

● ストレート・ステッチ

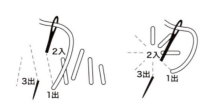

● サテンステッチ

 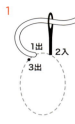 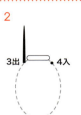 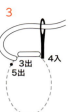 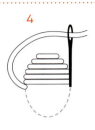

● ロング・アンド・ショート・ステッチ

   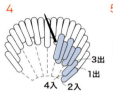

● フィッシュボーン・ステッチ

 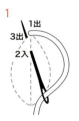  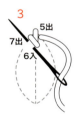 

● フレンチ・ノット

 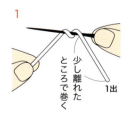 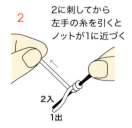 

● レイジー・デイジー・ステッチ

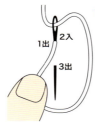
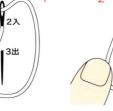

● ダブル・レイジー・デイジー・ステッチ

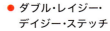

2で糸を強く引くと細い形になる

● ビーズ刺繍の方法

〈刺し始め〉
ビーズは重みがあるので、玉結びをしてから縫いはじめる。小さな返し縫いをしながら縫い付けていく。大きめのビーズなどは、二度縫いしてしっかり付ける。

〈刺し終わり〉
布の裏側で玉どめし、裏側に渡った糸に数針からげる。

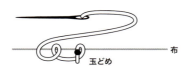

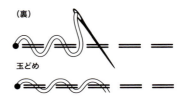

〈返し縫いでとめる〉

〈しっかり付ける場合〉

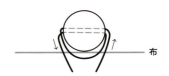

TITLE_ **野うさぎとエゾリスのリース** | PHOTO_P.4

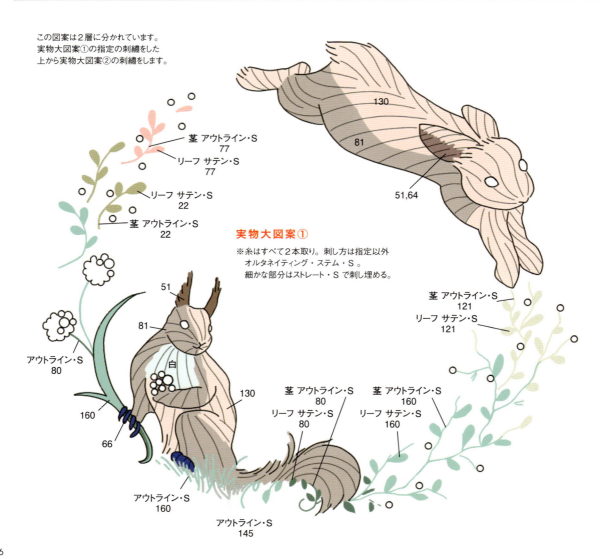

材料
● 布　シルク・薄黄色 30×30cm
● 糸　金亀絹ミシン糸#50　白、黒、22、51、64、66、77、80、81、108、121、130、145、160、216

● その他　MIYUKI 3カットビーズ#161（ベージュ）、MIYUKI丸特小ビーズ#182（ゴールド）、MIYUKIデリカビーズDB-66（ホワイト）、DB-1225（パープル）、MIYUKI丸小ビーズ#421（パールホワイト）、MIYUKIカルトラパールHVK361（3mm）、直径16.5cmの刺繍枠

でき上がり寸法
16.5×16.5cm

実物大図案②
※ビーズ部分と指定以外は、すべて1本取りのストレート・SでP.46で刺繍した部分の上から刺繍する。

47

TITLE_ 青い鳥のがま口ポーチ

PHOTO_P.5

材料

● 布　表布(シルク・黄色)35×35cm、
裏布(サテン布・ベージュ)35×45cm
底用布(サテン布・ベージュ)14.5×13cm

● 糸　金亀絹ミシン糸#50　白、黒、28、58、61、63、
66、102、121、129、160、166

● その他　MIYUKIデリカビーズDBS-107(グレー)、
MIYUKI 3カットパール(カルトラ)J663、
3カットビーズ#1296(ベージュ)、MIYUKI丸小ビーズ#274(パープル)、
MIYUKI丸特小ビーズ#182(ゴールド)、
天然淡水パール(ライス5×3㎜)ホワイト、
プラバン14.5×6.5cm　1枚、
綾テープ(1cm幅・生成り)10cm　2本、
がま口金具(19×6cm)☆、ゴム系接着剤、厚手接着芯ゴムテープ　適量

でき上がり寸法

20×12cm

実物大図案

※糸は指定以外2本取り。○内の数字は糸の取り本数。黒の数字の部分は指定以外、オルタネイティング・ステム・S。細かな部分はストレート・Sで刺し埋める。水色の数字の部分は指定以外ストレート・Sで、黒の数字で刺繍した部分の上から刺繍する。

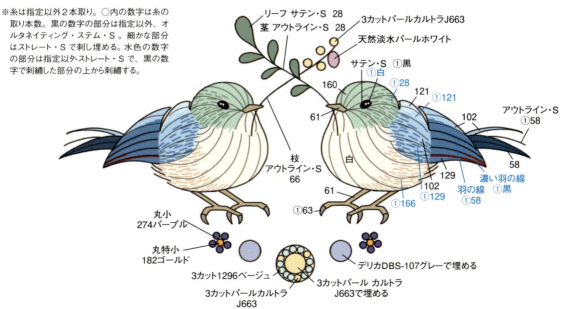

48

作り方　型紙はP.90

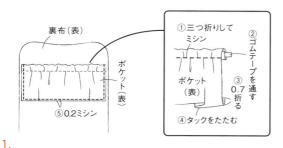

1.
表布1枚に図案を写して刺繍し、型紙を使用して布をそれぞれ裁断する。
ポケットを作り、裏布に図のように縫い付ける。

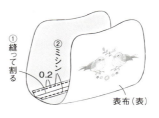

2.
表布2枚に芯を貼り、中表に合わせて底を縫う。
縫い代を割り、縫い代端を表布に縫い付ける。

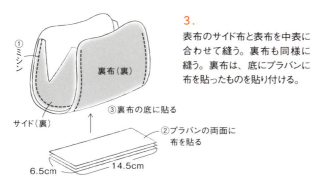

3.
表布のサイド布と表布を中表に合わせて縫う。裏布も同様に縫う。裏布は、底にプラバンに布を貼ったものを貼り付ける。

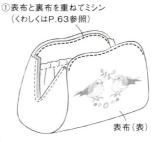

4.
表布と裏布を外表に重ねて入れ口を縫う。

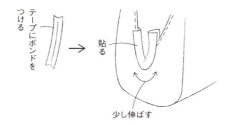

5.
サイド布に接着剤を付けた綾テープを貼る(角の部分は少し伸ばすようにして貼る)。P.63の3.を参照し、口金を付ける。

TITLE_ 草花のサンプラー　　　　　　　　　　　　　　　　PHOTO_P.6

材料

● 布　リネン・ブルーグレー★
● 糸　DMC25番刺繡糸　08、154、451、452、645、646、647、822、840、3022、3031、3782、3866

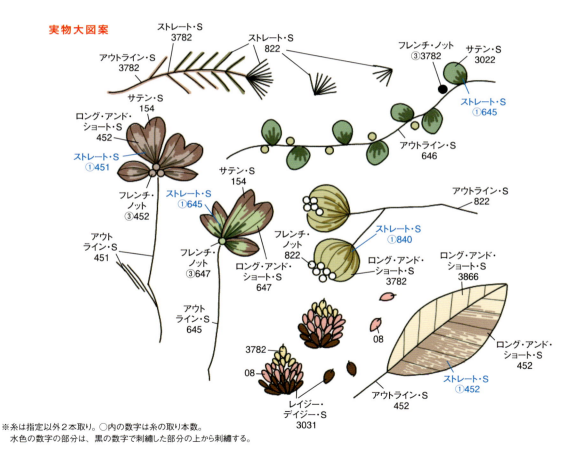

実物大図案

※糸は指定以外2本取り。○内の数字は糸の取り本数。
　水色の数字の部分は、黒の数字で刺繡した部分の上から刺繡する。

50

材料

- **布** リネン・生成り★
- **糸** DMC25番刺繍糸　BLANC、01、03、13、26、562、727、728、819、912、988、3756、3813、3815、3816、3824、3836、3847

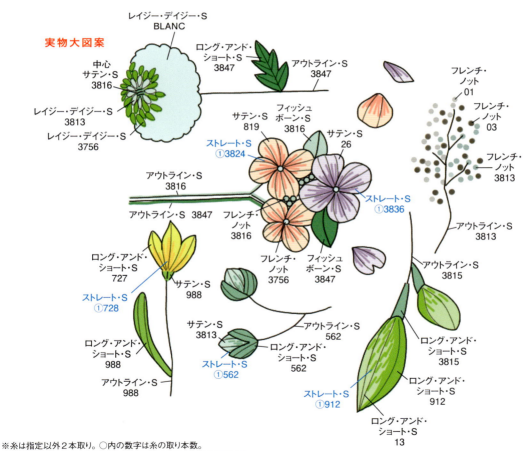

※糸は指定以外2本取り。○内の数字は糸の取り本数。
　水色の数字の部分は、黒の数字で刺繍した部分の上から刺繍する。

TITLE_ 草花のカゴカバー

PHOTO_P.8

材料

- 布　表・裏布（リネン／シャンブレー・グレー）
31.5×42cm　各1枚
布ループ用布（リネン／シャンブレー・グレー）2.5×14cm
- 糸　DMC25番刺繍糸　04、21、22、500、502、841、948、3024、3371、3817、3824、3848
- その他　直径2cmのくるみボタン（リネンシャンブレー・グレー）2個

実物大図案

※糸は指定以外2本取り。○内の数字は糸の取り本数。
　水色の数字の部分は、黒の数字で刺繍した部分の上から刺繍する。

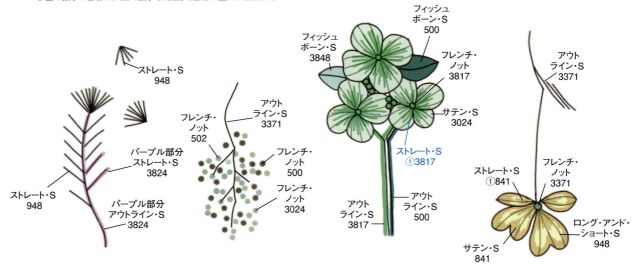

寸法図　0.7cmの縫い代込み

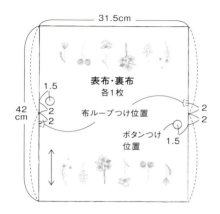

作り方

1.
表布1枚に図案を写して刺繍し、布ループ用布を四つ折りして端を縫い、二つ折りにしておく。

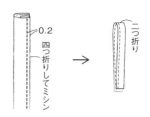

2.
表布と裏布を中表に合わせ、布ループ付け位置に布ループをはさみ込み、返し口を残して周囲を縫う。

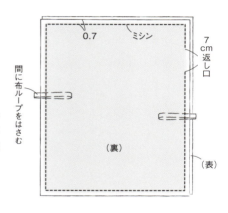

3.
返し口から表に返し、縫い代を整え、まつる。ボタンつけ位置にボタンを付け、かごに取り付ける。

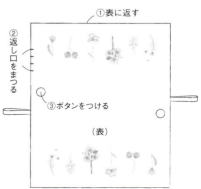

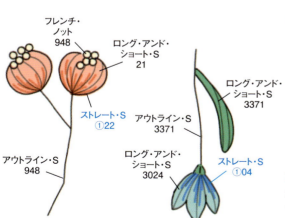

TITLE_ 草花のあずま袋　　　　　PHOTO_P.9

材料
- 布　リネン・ネイビー 78×28cm　1枚
- 糸　DMC25番刺繍糸　01、04、06、451、453、581、611、647、987、3023、3051、3348、3816、3847

でき上がり寸法
36×36cm

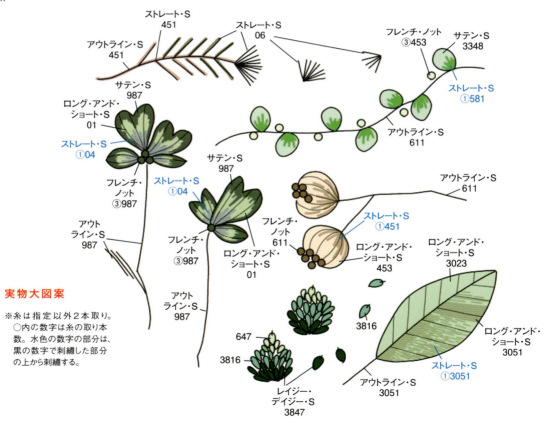

実物大図案

※糸は指定以外2本取り。〇内の数字は糸の取り本数。水色の数字の部分は、黒の数字で刺繍した部分の上から刺繍する。

作り方

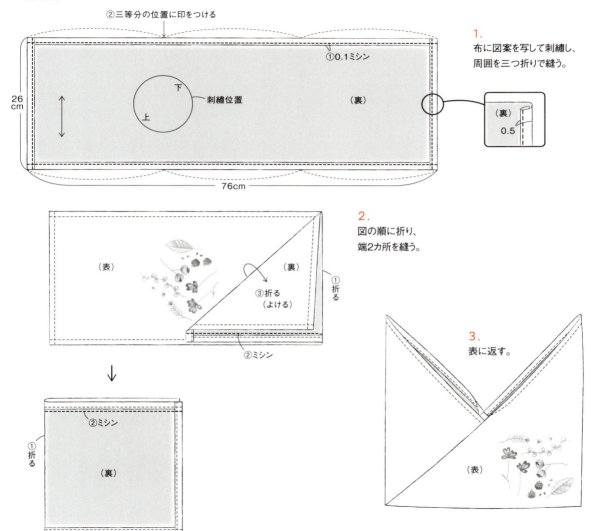

1. 布に図案を写して刺繍し、周囲を三つ折りで縫う。

2. 図の順に折り、端2カ所を縫う。

3. 表に返す。

| TITLE_ うさぎとリスのサンプラー | PHOTO_P.10 |

材料

- 布　リネン・生成り★
- 糸　DMC25番刺繍糸

アナウサギ　02、07、310、543、842、3861、3865
エゾリス　　07、08、310、436、543、841、3866
ロップイヤー　06、310、844、3782、3790、3865
シマリス　　ECRU、310、435、543、3782、3790、3799

実物大図案

※糸は指定以外2本取り。○内の数字は糸の取り本数。黒の数字の部分は指定以外、オルタネイティング・ステム・S 。細かな部分はストレート・S で刺し埋める。水色の数字の部分は指定以外ストレート・S で、黒の数字で刺繍した部分の上から刺繍する。

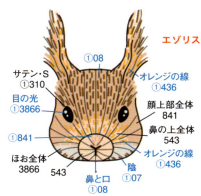

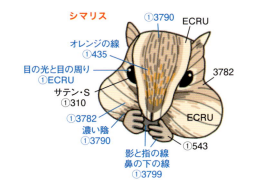

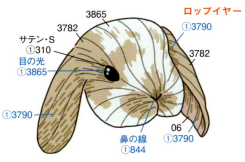

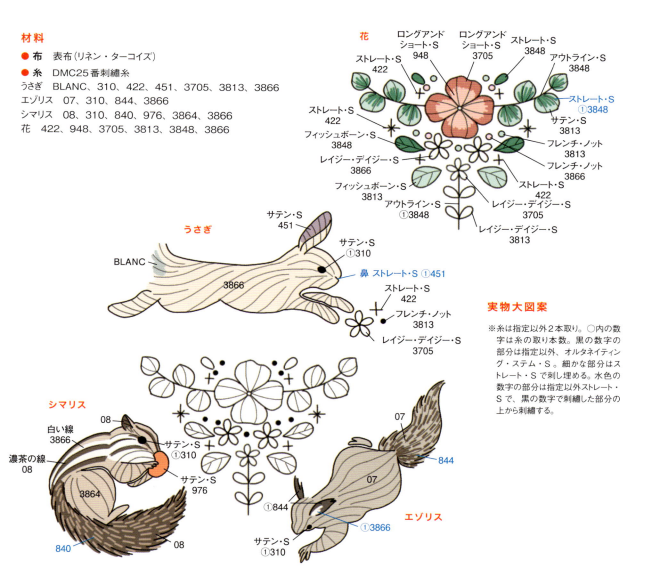

TITLE_ **うさぎの巾着**　　PHOTO_P.12

材料
- 布　表布(リネン・生成り×白　チェック)15×42cm　1枚
裏布(リネン・生成り)15×42cm　1枚
- 糸　DMC25番刺繡糸　01、04、30、33、310、452、3810、3816、3840、3847
- その他　綿テープ(4mm幅・生成り)40cm　2本

でき上がり寸法
13.5×20cm

寸法図
0.7cmの縫い代込み

表布 裏布 各1枚　42　15

実物大図案

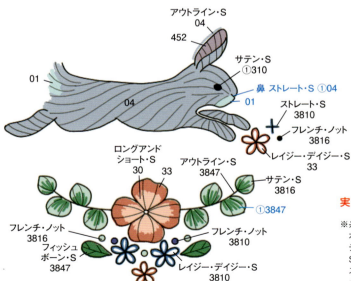

※糸は指定以外2本取り。○内の数字は糸の取り本数。黒の数字の部分は指定以外、オルタネイティング・ステム・S。細かな部分はストレート・Sで刺し埋める。水色の数字の部分は指定以外ストレート・Sで、黒の数字で刺繡した部分の上から刺繡する。

作り方

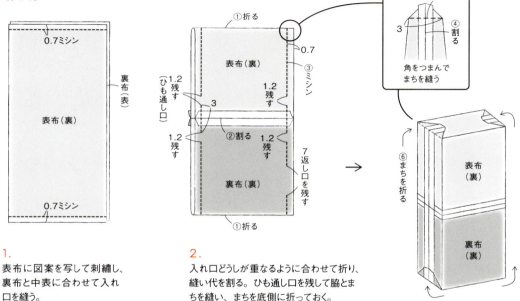

1. 表布に図案を写して刺繡し、裏布と中表に合わせて入れ口を縫う。

2. 入れ口どうしが重なるように合わせて折り、縫い代を割る。ひも通し口を残して脇とまちを縫い、まちを底側に折っておく。

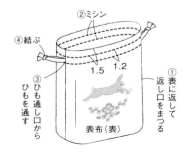

3. 表に返して返し口をまつる。綿テープを左右のひも通し口からそれぞれ通し、テープ端を結ぶ。

TITLE_ シマリスのキーホルダーとうさぎのブローチ

PHOTO_P.13

材料

● 布　うさぎ(リネン・生成り)15×15cm　1枚
シマリス(リネン/シャンブレー・グレー)15×15cm　1枚

● 糸　DMC25番刺繍糸
うさぎ　08、310、452、453、500、840、841、842、3033、3815、3865
シマリス　ECRU、310、435、501、543、988、3782、3790、3799

● その他　うさぎ　MIYUKI丸特小#182(ゴールド)、MIYUKI丸小ビーズ#210(ピンク)、#360(パープル)、#421(パールホワイト)、MIYUKI3カットビーズ#161(ベージュ)、プラバン　適量、フェルト　適量、レザー(厚さ1mm)　適量、ブローチ金具(2.8cm)　1個
シマリス　MIYUKI丸小ビーズ#462(玉虫)、MIYUKI 3カットビーズ#256(パープル)、フープのキーホルダー金具☆　1セット、接着剤

でき上がり寸法

うさぎ　3×5.3cm
シマリス　5×5cm

実物大図案

※黒の数字の部分は指定以外2本取り。○内の数字は糸の取り本数。刺し方は指定以外オルタネイティング・ステム・S。細かな部分はストレート・Sで刺し埋める。水色の数字の部分はすべて1本取りのストレート・Sで、黒の数字で刺繍した部分の上から刺繍する。

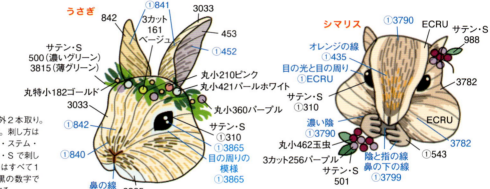

作り方

1.
ブローチは、P.36のLESSON作品の作り方を参照。表布に図案を写して刺繍し、付属の木の土台のサイズよりひと回り大きめに周囲をカットし、布端の0.5〜1cmのところをぐし縫いする。

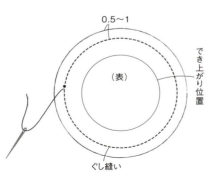

2.
内側に木の土台を入れ、ぐし縫いを絞り、その上にもう一枚の土台を貼る。

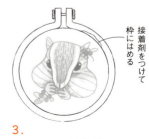

3.
2.の周囲に接着剤を付け、キーホルダーの枠をはめる。

TITLE_ 猫のリース

PHOTO_P.15

材料
- **布** コットン／オックスフォード・グレー
  30×30cm　1枚
- **その他**
  直径16.5cmの刺繡枠

- **糸** DMC25番刺繡糸
  04、09、413、500、535、581、733、841、842、3346、3799、3810、3865

でき上がり寸法
16.5×16.5cm

実物大図案

※糸はすべて2本取り。○内の数字は糸の取り本数。刺し方は指定以外オルタネイティング・ステム・S。細かな部分はストレート・S で刺し埋める。

61

TITLE_ 野うさぎのがま口

PHOTO_P.14

● 材料

● 布　表布（ウール・黒）30×20cm
　　　裏布（サテン布・ベージュ）30×20cm

● 糸　金亀絹ミシン糸#50　白、黒、13、51、66、
　　　70、77、81、102、121、166、192、216
　　　タッセル用ひも（金亀絹穴糸・黒）15m

● その他　MIYUKIファイアポリッシュビーズ
K2051（4mm）（シルバーライン）#ISL、K2050（3mm）（シルバーライン）#ISL
MIYUKI丸小ビーズ#191（本金メッキ）、#274（パープル）、#462（玉虫）
MIYUKI丸特小ビーズ#182（ゴールド）、#250（クリスタルAB）
MIYUKIデリカビーズDB-52 ホワイト
MIYUKIデリカビーズ小DBS-203（パールホワイト）、DBS-220（ホワイト）
がま口金具（12.5×6.5cm）☆　1セット、ゴム系接着剤、つまようじ
タッセル金具　1個、厚紙6×12cm　1枚、丸カン（8mm）　1個

でき上がり寸法

14×12cm

実物大図案

※糸は指定以外2本取り。○内の数字は糸の取り本数。黒の数字の部分は指定以外、オルタネイティング・ステム・S。細かな部分はストレート・Sで刺し埋める。水色の数字の部分は指定以外ストレート・Sで、黒の数字で刺繍した部分の上から刺繍する。

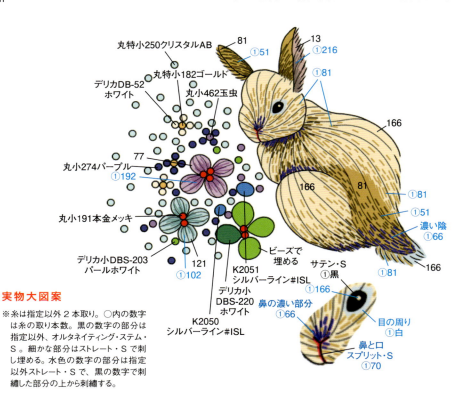

62

作り方 型紙はP.91

1.
表布1枚に図案を写して刺繍し、型紙を使用して布をそれぞれ裁断する。表布どうしを中表で合わせて縫い止まりでを縫い、まちも縫う。裏布2枚も同様にして縫う。

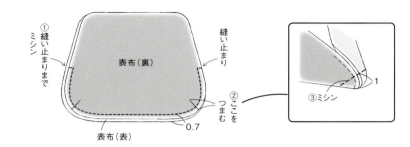

2.
表布と裏布を中裏に合わせて入れ口を縫い、端の部分はまつり縫いする。

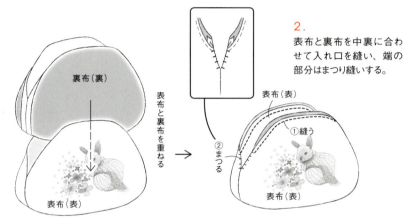

3.
口金に接着剤を付け、目打ちなどをつかって本体を口金に押し込む。

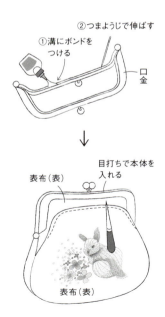

4.
タッセル用ひもを図のように厚紙に巻いてから外して端を結び、接着剤を入れたタッセル金具のキャップに入れ込み、ひも先を切り揃える。

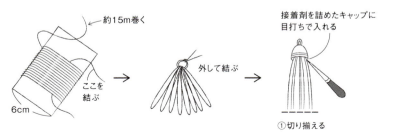

TITLE_ 小鳥のサンプラー　　　　PHOTO_P.16

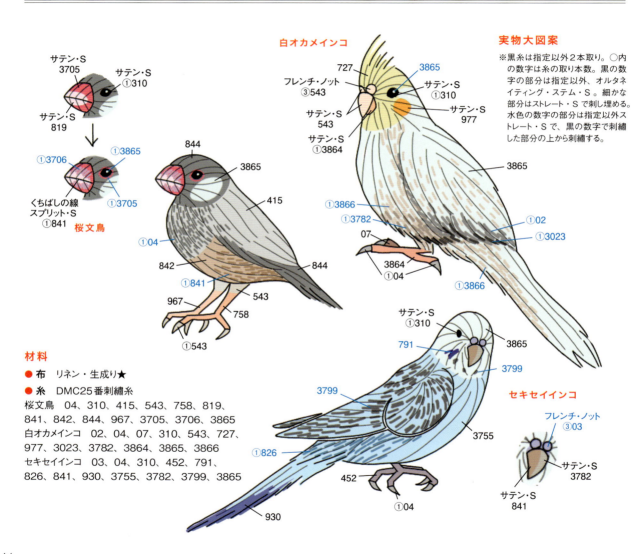

材料

● 布　リネン・ベージュ
● 糸　DMC25番刺繍糸
セキセイインコ　02、11、310、320、376、
422、451、452、563、3781、3847
コザクラインコ　04、310、320、415、452、
502、928、3341、3047、3705、3790、3813
キンカチョウ　03、310、841、844、976、
3705、3865

TITLE_ **野鳥のサンプラー**　　　PHOTO_P.18

材料

● 布　リネン・グレー★
● 糸　DMC25番刺繍糸　03、08、310、422、500、645、646、844、976、3023、3033、3047、3051、3727、3765、3864、3865

実物大図案

※糸は指定以外2本取り。○内の数字は糸の取り本数。黒の数字の部分は指定以外、オルタネイティング・ステム・S。細かな部分はストレート・Sで刺し埋める。水色の数字の部分は指定以外ストレート・Sで、黒の数字で刺繍した部分の上から刺繍する。

材料

● 布　リネン・生成り★
● 糸　DMC25番刺繍糸
すずめ　04、310、840、841、844、3023、3031、3033、3864、3866
カワセミ　04、310、598、844、676、977、3033、3705、3765、3810、3826、3865
シマエナガ　BLANC、04、310、453、844、976、3779

実物大図案

※糸は指定以外2本取り。○内の数字は糸の取り本数。黒の数字の部分は指定以外、オルタネイティング・ステム・S 。細かな部分はストレート・S で刺し埋める。水色の数字の部分は指定以外ストレート・S で、黒の数字で刺繍した部分の上から刺繍する。

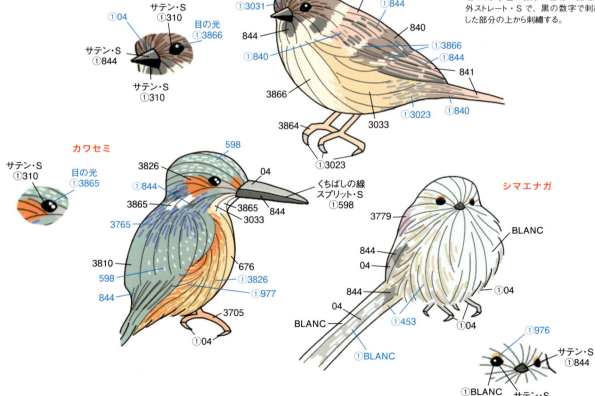

| TITLE_ **オカメインコのポーチ** | PHOTO_P.20 |

材料

● **布** 表布（リネン・白）20×20cm 2枚
サイド布（リネン・ターコイズ）6×27cm 1枚、3.5×16cm 2枚
裏布（コットン・ベージュストライプ）20×20cm 2枚、
6×27cm 1枚、3.5×16cm 2枚

● **糸** DMC25番刺繍糸 04、09、310、505、543、
645、646、727、746、844、977、3024、3779、
3782、3864、3865

● **その他** ファスナー（14cm） 1本、Dカン（1.8cm） 1個

でき上がり寸法
12×12cm

実物大図案

※糸は指定以外2本取り。○内の数字は糸の取り本数。黒の数字の部分は指定以外、オルタネイティング・ステム・S。細かな部分はストレート・Sで刺し埋める。水色の数字の部分は指定以外ストレート・Sで、黒の数字で刺繍した部分の上から刺繍する。

68

作り方　型紙はP.92

1.
表布1枚に図案を写して刺繍し、型紙を使用して布をそれぞれ裁断する。サイド布のB布とファスナーを図のように縫う。

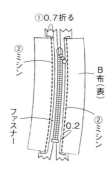

2.
サイド布のA布とB布を図のように縫う。

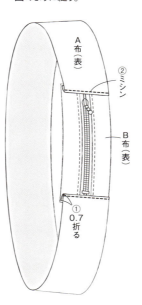

3.
裏布のサイド布のA・B布も図のように縫う。

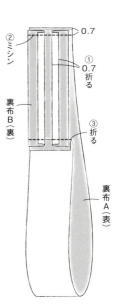

4.
表布、裏布の本体とサイド布をそれぞれ縫い合わせる（表布はDカンを付けたタブをはさんで縫う）。

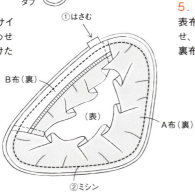

5.
表布と裏布を外表に合わせ、ファスナーの裏側で裏布をまつり付ける。

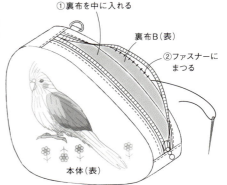

TITLE_ **シマエナガと文鳥のタオルハンカチ**　　　PHOTO_P.21

材料
● 布　表布(シマエナガ：コットン・ベージュストライプ、
文鳥：グレーストライプ)26.5×26.5cm　各1枚
裏布(タオル地・ホワイト)23×23cm　各1枚
● 糸　DMC25番刺繍糸
文鳥　07、310、3031、3033、3051、3705、3866
シマエナガ　310、413、505、3727、3865

でき上がり寸法
23.5×23.5cm

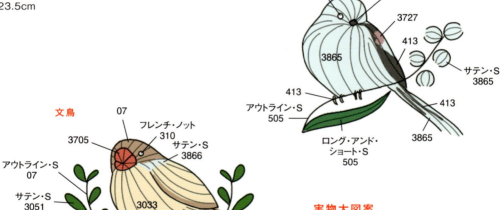

実物大図案

※糸は2本取り。刺し方は指定以外オルタネイティング・ステム・S。細かな部分はストレート・Sで刺し埋める。

寸法図

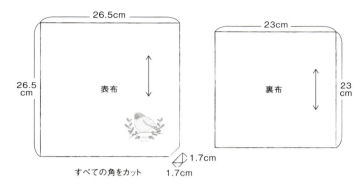

すべての角をカット　1.7cm / 1.7cm

作り方

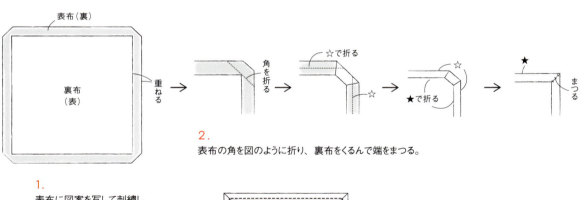

1. 表布に図案を写して刺繍し、表布の上に裏布を重ねる。

2. 表布の角を図のように折り、裏布をくるんで端をまつる。

3. 周囲をミシンで縫う。

TITLE_ シマリスの巾着　　PHOTO_P.22

材料

● 布　表布（リネン・水色）22×34cm　2枚
　　裏布（好みのストライプ布）22×18cm　2枚
　　タブ布（リネン・水色）4×4cm

● 糸　DMC25番刺繍糸　ECRU、310、738、
　　739、801、3348、3864

● その他　MIYUKI丸小ビーズ#421（パールホワイト）、
　　MIYUKI3カットビーズ#1822（ブルー）
　　綾テープ（生成り）1cm幅×55cm
　　綾テープ（ベージュ）1.2cm幅×4.5cm　6枚

でき上がり寸法

23.5×23.5cm

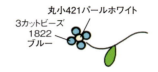

実物大図案

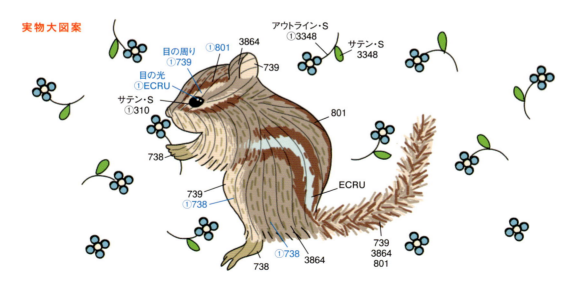

※糸は指定以外2本取り。◯内の数字は糸の取り本数。黒の数字の部分は指定以外、オルタネイティング・ステム・S。
細かな部分にストレート・Sで刺し埋める。水色の数字の部分は指定以外ストレート・Sで、黒の数字で刺繍した部分の上から刺繍する。

作り方 型紙はP.93

1.
表布1枚に図案を写して刺繍し、型紙を使用してそれぞれ裁断する。表布と裏布を入れ口側どうしでそれぞれ中表に合わせ、縫う。

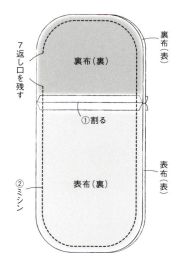

2.
縫い代を開いてアイロンで割り、1.の2枚を中表に合わせ、返し口を残して周囲を縫う。

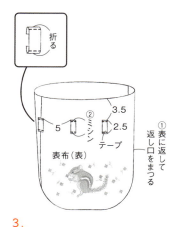

3.
表に返して返し口をまつり、綾テープ（ベージュ）の両端を折ってそれぞれの位置に縫い付ける。

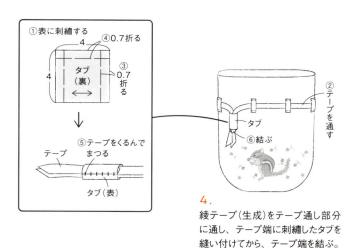

4.
綾テープ（生成）をテープ通し部分に通し、テープ端に刺繍したタブを縫い付けてから、テープ端を結ぶ。

TITLE_ 猫のサンプラー　　PHOTO_P.24

材料
● 布　リネン・生成り★

● 糸　DMC25番刺繍糸
キジ白　06、07、09、310、613、844、927、3023、3865
黒猫　09、310、371、535、3799、3865
オッドアイ　01、310、415、422、452、453、502、645、3778、3865
エキゾチックショートヘアー　03、06、07、310、371、415、844、3865

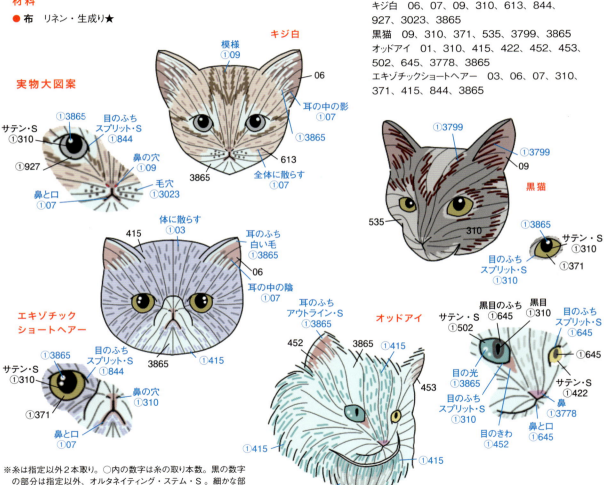

※糸は指定以外2本取り。○内の数字は糸の取り本数。黒の数字の部分は指定以外、オルタネイティング・ステム・S。細かな部分はストレート・Sで刺し埋める。水色の数字の部分は指定以外ストレート・Sで、黒の数字で刺繍した部分の上から刺繍する。

材料

● **布**　リネン・パープル
● **糸**　DMC25番刺繍糸
白猫　02、03、07、310、452
黒猫　535
花　　453、967

実物大図案
※糸は指定以外2本取り。○内の数字は糸の取り本数。刺し方は指定以外オルタネイティング・ステム・S。細かな部分はストレート・Sで刺し埋める。

TITLE_ 三毛猫のポーチ

PHOTO_P.26

材料

● 布　表布（リネン・オートミール）13×20cm　1枚
別布（リネン・ピンク）13×12cm　1枚、
裏布（リネン／シャンブレー・グレー）13×20cm　1枚、13×12cm　1枚、
● 糸　DMC25番刺繍糸　01、02、224、310、335、
371、422、436、452、844、3031、3815、3861、3865
● その他　スナップボタン金具☆　1セット

でき上がり寸法

11×10cm

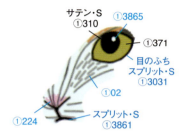

実物大図案

※糸は指定以外2本取り。○内の数字は糸の取り本数。黒の数字の部分は指定以外、オルタネイティング・ステム・S。細かな部分はストレート・Sで刺し埋める。水色の数字の部分は指定以外ストレート・Sで、黒の数字で刺繍した部分の上から刺繍する。

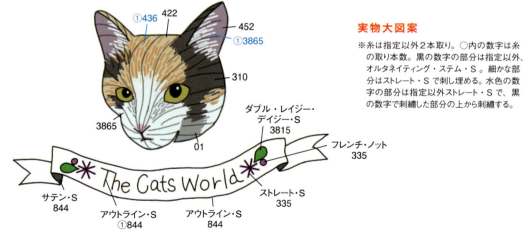

作り方　型紙はP.94

1.
本体表布に図案を写して刺繍し、型紙を使用して
布をそれぞれ裁断する。別布と裏布を中表に
合わせて端を縫い、表に返して端を縫う。

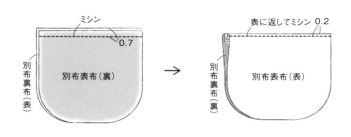

2.
本体裏布に1.を重ね、1.の端を縫いとめてから
本体裏布をさらに重ねて返し口を残して周囲を縫う。

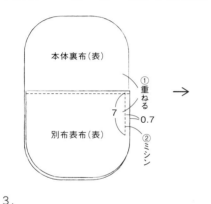
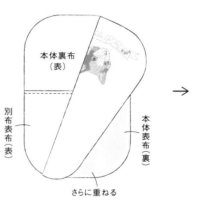
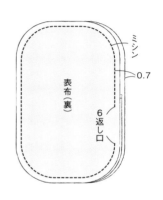

3.
表に返してまつり縫いし、スナップボタンを付ける。

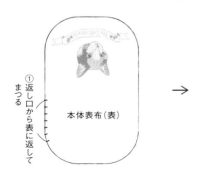
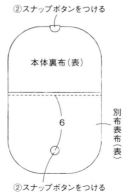

TITLE_ 黒猫のティーコゼー

PHOTO_P.27

材料
● 布　表布(リネン・あずき色)27×21cm　2枚
　　　裏布(キルティング・生成り)27×21cm　2枚
　　　タブ・バイアステープ用の布(リネン／シャンブレー・グレー)50×50cm　1枚
● 糸　DMC25番刺繍糸　154、422、3024、3778

でき上がり寸法
25×19.5cm

実物大図案
※糸は指定以外2本取り。
　○内の数字は糸の取り本数。

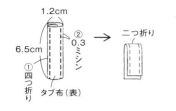

作り方 型紙はP.95

1.
表布1枚に図案を写し、刺繍する。図のようにタブを作る。

バイアステープの作り方

図のように、45度の角度でテープ状にカットします。長さは1.5cm幅のテープ用に5cm幅で53cm分、1cm幅のテープ用に4cm幅で58cm分をつないで作る。

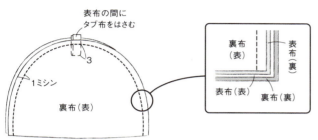

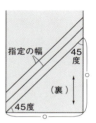

2.
表布・裏布の4枚を図のように重ねて縫う（その際に表布どうしの間にタブをはさむ）。

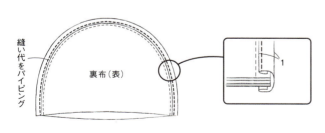

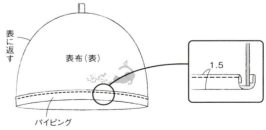

3.
縫い代を1cm幅のバイアステープではさみ、縫う。

4.
入れ口を縫い、縫い代を1.5cm幅のバイアステープではさんで、縫う。

79

TITLE_ 草花とミツバチのフープ

PHOTO_P.23

材料
- 布　リネン・白★ 20×20cm　1枚
- 糸　DMC25番刺繍糸

02、20、413、501、728、3371、3817、3865、
DMCライトエフェクト（※サンプラー内ではE〜と表示）
436、898

でき上がり寸法
11.5cm×11.5cmcm

実物大図案

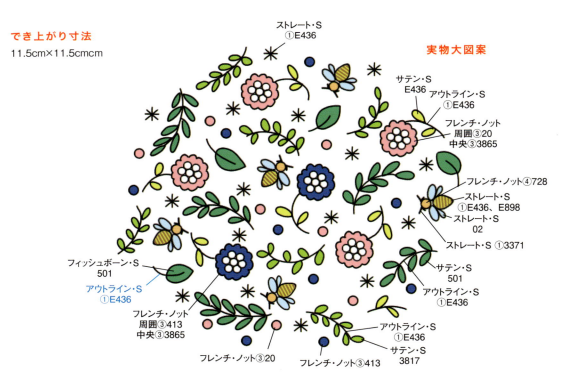

ストレート・S ①E436
サテン・S E436
アウトライン・S ①E436
フレンチ・ノット 周囲③20 中央③3865
フレンチ・ノット ④728
ストレート・S ①E436、E898
ストレート・S 02
ストレート・S ①3371
サテン・S 501
アウトライン・S ①E436
アウトライン・S ①E436
サテン・S 3817
フレンチ・ノット③413
フレンチ・ノット③20
フレンチ・ノット 周囲③413 中央③3865
アウトライン・S ①E436
フィッシュボーン・S 501

※黒の数字の部分は指定以外2本取り。○内の数字は糸の取り本数。

TITLE_ 小さな動物のサンプラー

PHOTO_P.28

材料
- **布** リネン・黄色
- **糸** DMC25番刺繍糸

子ブタ　07、310、543、3779、3864
野ねずみ　07、310、754、842
ハリネズミ　310、842、3033、3781、3865
きのこと葉っぱ　03、07、502、
842、3051、3778、3781、3865

実物大図案

※糸は指定以外2本取り。○内の数字は糸の取り本数。黒の数字の部分は指定以外、オルタネイティング・ステム・S。細かな部分はストレート・Sで刺し埋める。水色の数字の部分は指定以外ストレート・Sで、黒の数字で刺繍した部分の上から刺繍する。

TITLE_ **小さな動物のサンプラー**　　　　　　　　　　　　PHOTO_P.29

材料

● **布**　リネン・生成り★
● **糸**　DMC25番刺繍糸
ハムスター　03、04、07、310、415、452、535、3865
キタキツネ　01、03、310、422、436、
840、844、3047、3781、3865
フェレット　06、07、08、224、310、3865

ハムスター

3865
目の光
3865
薄い陰①452
濃い陰①07
サテン・S
①310
415
①07
3865
①03
①04
①535

フェレット

サテン・S
①310
目の光
①3865
耳のふち
3865
耳の中
①224
①224
①06
口
①08
3865
目の周り
①06
①07
224
06
07
①08

キタキツネ

①3781
840
サテン・S
①310
422
①436
3047
①422
3865
①840
鼻と口
①844
01
赤い部分
①3781
422
3865
①436
①03
①03

07

224

実物大図案

※糸は指定以外2本取り。○内の数字は糸の取り本
数。黒の数字の部分は指定以外、オルタネイティ
ング・ステム・S。細かな部分はストレート・Sで
刺し埋める。水色の数字の部分は指定以外ストレー
ト・Sで、黒の数字で刺繍した部分の上から刺繍する。

TITLE_ ハムスターとオコジョのブローチ　　　PHOTO_P.31

材料
- **布**　ハムスター　リネン・生成り★　15×15cm　1枚、
  オコジョ　リネン／オックスフォード・グレー★　20×20cm　1枚
- **糸**　金亀絹ミシン糸#50
  ハムスター　白、黒、51、61、66、
  81、104、125、130、187、216
  オコジョ　白、黒、07、56、89、104、130、216
- **その他**　プラバン　適量、フェルト　適量、レザー（厚さ1mm）　適量、
  ブローチ金具　各1個（ハムスター 2.8cm、オコジョ 4.5cm）、接着剤

でき上がり寸法
ハムスター 3×4cm
オコジョ 9.5×4.5cm

作り方
P.36のLESSON作品の作り方を参照。

実物大図案
※糸は指定以外2本取り。○内の数字は糸の取り本数。黒の数字の部分は指定以外、オルタネイティング・ステム・S。細かな部分はストレート・Sで刺し埋める。水色の数字の部分は指定以外ストレート・Sで、黒の数字で刺繍した部分の上から刺繍する。

83

TITLE_ **森の仲間のミニバッグ** | PHOTO_P.30

材料

● **布** 表布（リネン・生成り）21×59cm 1枚、
裏布（リネンシャンブレー・グレー）21×46cm 1枚、
内ポケット布（リネンシャンブレー・グレー）16×13cm 1枚、
タブ布（レザー・茶色）5×3.5cmを2枚

● **糸** DMC25番刺繍糸 02、22、310、501、611、754、
840、842、844、987、3033、3371、3779、3810、3865

● **その他** 持ち手ひも（綿ロープ10mm・ベージュ）1.33m、
ヘリンボンテープ（1.5cm幅・生成り）13cm 2本

でき上がり寸法
19×24cm

実物大図案

ストレート・S 3371
茎 アウトライン・S ①3371
サテン・S 754
リーフ ストレート・S 987
ロング・アンド・ショート・S 3865
赤い筋 ①22
フィッシュボーン・S 501
ストレート・S 310
鼻先 ①754
サテン・S 3779
3779
鼻先 ①840
611
フレンチノット 310
3865
842
アウトライン・S ③844
サテン・S 3810
ストレート・S ①02
840
842
針 3033
ロング・アンド・ショート・S 842
アウトライン・S ＋ ストレート・S ①501

※糸は指定以外2本取り。○内の数字は糸の取り本数。黒の数字の部分は指定以外、オルタネイティング・ステム・S。
細かな部分はストレート・Sで刺し埋める。水色の数字の部分は指定以外ストレート・Sで、黒の数字で刺繍した部分の上から刺繍する。

寸法図 指定以外の縫い代は1cm

作り方

1.
表布に図案を写し、刺繍する。レザータブを二つ折りにし、端に木工用ボンドをつけて輪にする。表布を中表に合わせ、レザータブを指定の位置にはさみ、両端を縫う。ポケットは、4辺とも三つ折りで始末しておく。

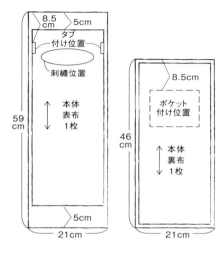
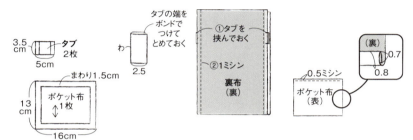

2.
裏布の指定の位置にポケットを縫い付け、中表に折って両端を縫う。

3.
表布を表に返し、縫い代をアイロンで整える。

4.
表布に裏布を入れ、二つ折りにしたヘリンボンテープを両脇にはさんで入れ口を縫い、ヘリンボンテープを縫いとめる。

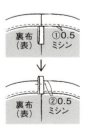

TITLE_ 犬のサンプラー

PHOTO_P.32

材料

● 布　リネン・ピンク★

● 糸　DMC25番刺繍糸
コーギー　310、451、844、3727、3865
プードル　07、310、841、842、3864
花　03、20、335、413、451、500、502、988、3032、3033、3326、3781、3817、3865

実物大図案

※糸は指定以外2本取り。○内の数字は糸の取り本数。黒の数字の部分は指定以外、オルタネイティング・ステム・S。細かな部分はストレート・Sで刺し埋める。水色の数字の部分は指定以外ストレート・Sで、黒の数字で刺繍した部分の上から刺繍する。

材料

● 布　リネン・生成り★

● 糸　DMC25番刺繡糸
柴犬　02、04、08、310、436、738、739、3023、3861、3865
マルチーズ　02、04、08、310、451、452、453、841、3371、3865
ブルテリア　BLANC、01、04、08、224、310、415、535、844
ダックスフンド　03、07、310、422、739、844、3031、3790

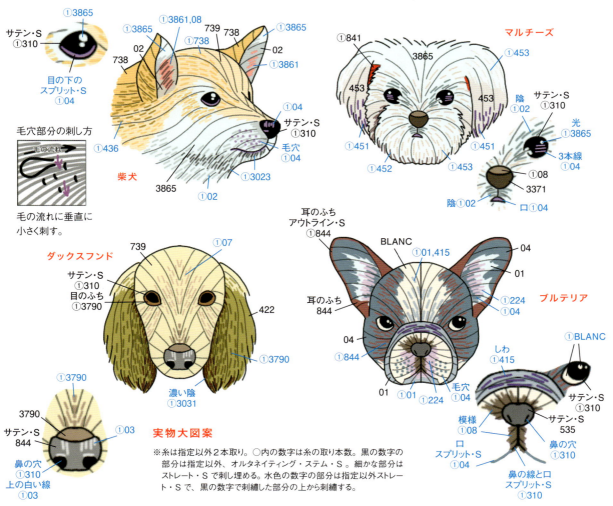

実物大図案

※糸は指定以外2本取り。〇内の数字は糸の取り本数。黒の数字の部分は指定以外、オルタネイティング・ステム・S。細かな部分はストレート・Sで刺し埋める。水色の数字の部分は指定以外ストレート・Sで、黒の数字で刺繡した部分の上から刺繡する。

TITLE_ コーギーのがま口

PHOTO_P.34

材料

- 布　表布(リネン・オートミール★)　15×15cm　2枚
  裏布(リネン・シャンブレー)　15×15cm　2枚
- 糸　DMC25番刺繍糸
  コーギー　422、435、451、3371、3727、3865
  花　21、22、501、611、935、988、3032、3371、3781、3816
- その他　がま口金具(8.5×5cm)☆　1セット

でき上がり寸法
9×9cm

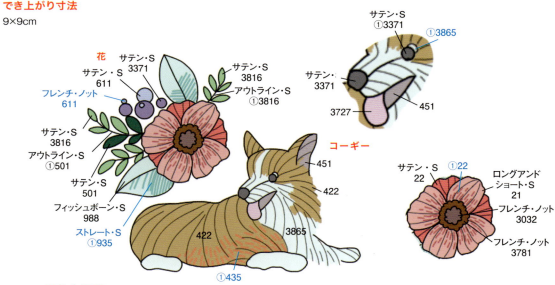

実物大図案
※糸は指定以外2本取り。○内の数字は糸の取り本数。黒の数字の部分は指定以外、オルタネイティング・ステム・S。細かな部分はストレート・Sで刺し埋める。水色の数字の部分は指定以外ストレート・Sで、黒の数字で刺繍した部分の上から刺繍する。

作り方
型紙はP.95
P.63のがま口の作り方を参考に仕立て、刺繍糸4本取りで飾り縫いをする。

刺繍糸で飾り縫い

TITLE_ フレンチブルと白犬のミラーケース　　　　　　　PHOTO_P.35

材料
- 布　表布(白犬：リネン・水色　フレンチブル：リネン・生成り)15×15cm　各1枚
- 糸　フレンチブル　DMC25番刺繍糸　01、03、06、310、415、451、535、840、3782、3865
白犬　金亀絹ミシン糸#50　白、黒、61、89、108、166
DMCライトエフェクト(※サンプラー内ではE〜と表示)677
- その他　共通／コンパクトミラーパーツ☆　プラバン　適量、フェルト　適量、接着剤
白犬　MIYUKIスパンコール(4mm・亀甲)H458/401
MIYUKI 3カットパール#J663(カルトラ)

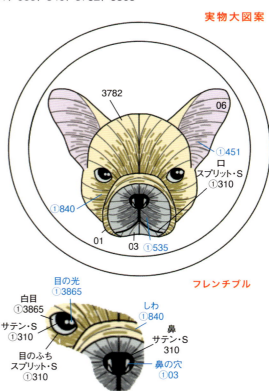

実物大図案

フレンチブル

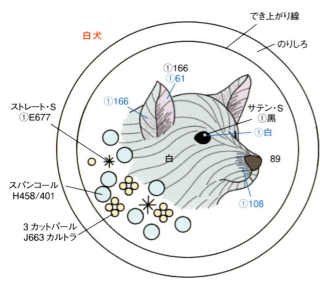

白犬

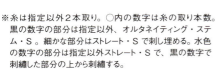

※糸は指定以外2本取り。○内の数字は糸の取り本数。黒の数字の部分は指定以外、オルタネイティング・ステム・S。細かな部分はストレート・Sで刺し埋める。水色の数字の部分は指定以外ストレート・Sで、黒の数字で刺繍した部分の上から刺繍する。

作り方
プラバンとフェルト2枚を出来上がり線サイズにカットしておく。P.60のキーホルダーの作り方を参照し、プラバンとフェルトを入れ、ぐし縫いしたパーツを作り、接着剤でコンパクトミラーの上に貼り付ける。

89

作品の型紙

青い鳥のがま口ポーチ型紙
※200%に拡大して使用

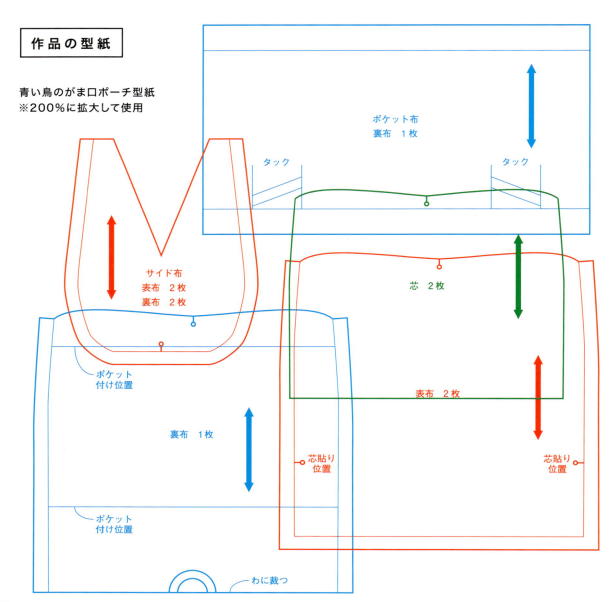

野うさぎのがま口型紙　※実物大

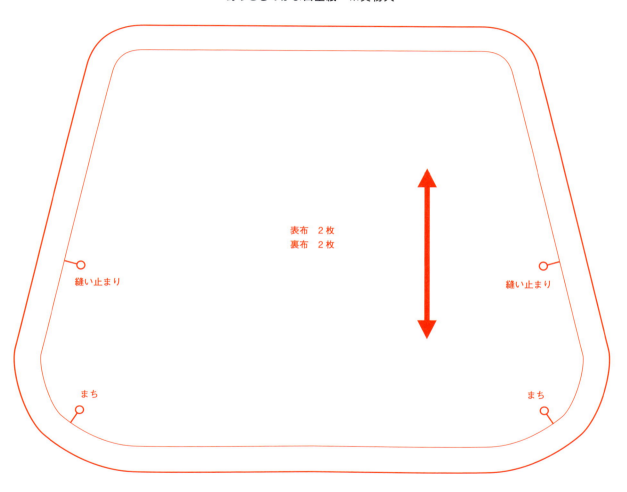

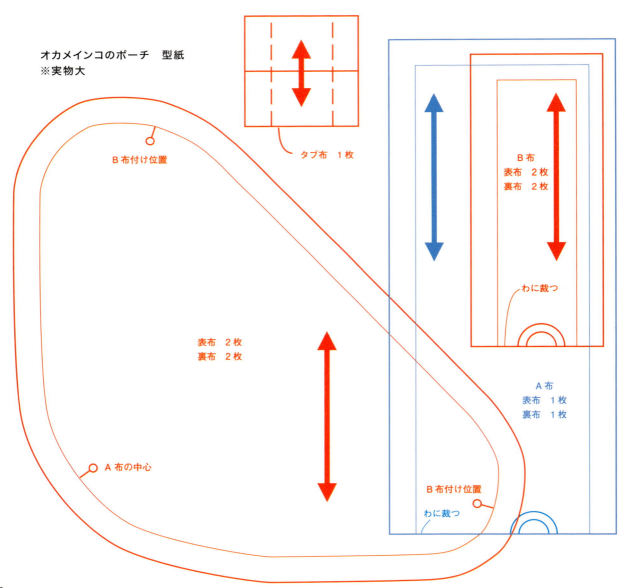

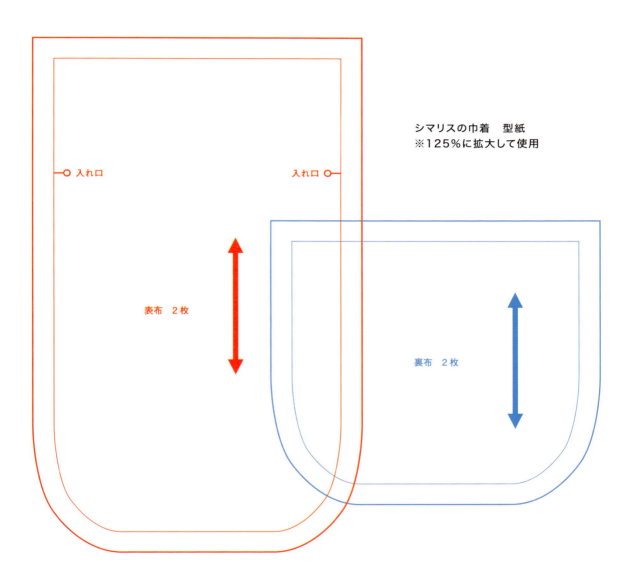

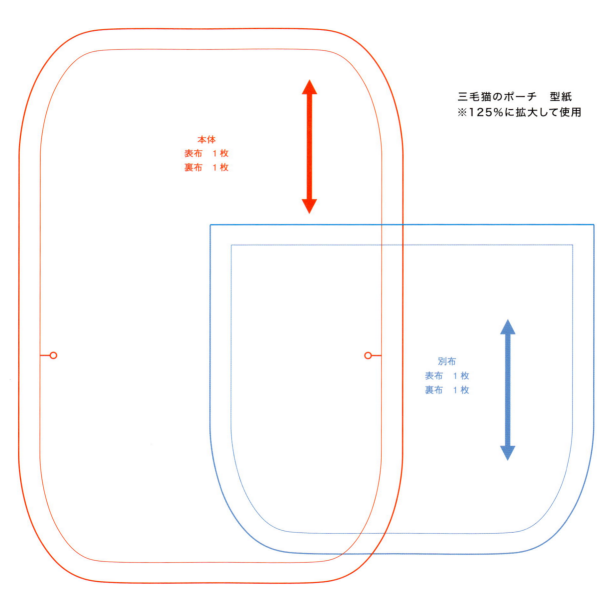

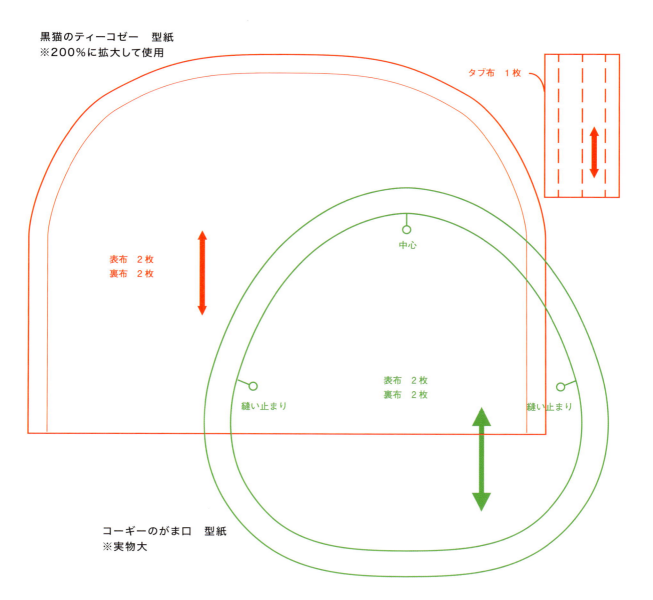

森本繭香

北海道在住。海外の手芸用品を豊富に扱うWEB SHOP『cherin-cherin』を営みながら、手芸誌への作品提供を行う。フランスなど海外の出版物などにも精密な動物や草花の刺繍作品のレシピを提供し、連載も続けている。共著に『彩る 装う 花刺繍』(日本文芸社刊)、『アルファベット刺しゅう図案集』(主婦と生活社)がある。

http://chelin-chelin.shop-pro.jp/

作品デザイン・制作	森本繭香
撮影	山口 明、田村朋子 (TRYOUT.P.38〜42)
スタイリング	上良美紀
ブックデザイン	東村沙弥香 (WILDPITCH)
作り方解説	山科文子
トレース	たまスタヂオ
編集担当	鈴木理恵、西邑由起子 (ともにTRYOUT)

《 材料協力 》

ディー・エム・シー株式会社
〒101-0035
東京都千代田神田紺屋町13番地 山東ビル7F
TEL 03-5296-7831
http://www.dmc.com

金亀糸業株式会社
〒103-0004 東京都中央区東日本橋1丁目2-15
TEL 03-5687-8511
http://www.kinkame.co.jp

株式会社 MIYUKI
〒720-0001 広島県福山市御幸町上岩成749番地
TEL 084-972-4747
https://www.miyuki-beads.co.jp

手芸パーツのお店　cherin-cherin (WEBショップ)
http://chelin-chelin.shop-pro.jp/
※材料表にある☆マークの資材は cherin-cherin で販売しています。

野の花と小さな動物の刺繍

2018年　12月20日　第1刷発行
2024年　 8月20日　第5刷発行

著　者	森本繭香 (もりもとまゆか)
発行者	竹村 響
印刷所	TOPPANクロレ株式会社
製本所	TOPPANクロレ株式会社
発行所	株式会社 日本文芸社

〒100-0003　東京都千代田区一ツ橋1-1-1 パレスサイドビル8F

Printed in Japan　112181205-112240809 Ⓝ 05 (200008)
ISBN978-4-537-21642-4
URL https://www.rihonbungeisha.co.jp/
ⓒ Mayuka Morimoto　2018

編集担当　吉村

印刷物のため、作品の色は実際と違って見えることがあります。ご了承ください。

本書の一部または全部をホームページに掲載したり、本書に掲載された作品を複製して店頭やネットショップなどで無断で販売することは、著作権法で禁じられています。

乱丁・落丁などの不良品、内容に関するお問い合わせは小社ウェブサイトお問い合わせフォームまでお願いいたします。
ウェブサイト　https://www.nihonbungeisha.co.jp/
法律で認められた場合を除いて、本書からの複写・転載(電子化を含む)は禁じられています。また、代行業者等の第三者による電子データ化および電子書籍化は、いかなる場合も認められていません。